CATALOGUE

DES LIVRES

COMPOSANT

La Bibliothèque de feu M. L. M. DE VILLENEUVE

Rédacteur en chef du Recueil général des Lois et des Arrêts

DONT LA VENTE AURA LIEU

Les Lundi 9 et Mardi 10 Mai 1859

à sept heures précises du soir

A SON DOMICILE

RUE DES GRANDS-AUGUSTINS, 3.

———

Les adjudications seront faites par le ministère de Mᵉ GALLOIS, Cᵉ-Priseur
boulevard Beaumarchais, 50

Et de Mᵉ CHARLES PILLET, Commissaire-Priseur, rue de Choiseul, 11

———

PARIS

AUGUSTE DURAND, LIBRAIRE,	ÉDOUARD GARNOT, LIBRAIRE,
RUE DES GRÈS, 7.	RUE DE LA HUCHETTE, 13.

———

1859

ORDRE DES VACATIONS.

1re VACATION.— *Le Lundi 9 Mai 1859*, n^o   1 à 146

2e VACATION.—*Le Mardi 10*   —   147 à 298

CONDITIONS DE LA VENTE.

Elle sera faite au comptant.

Les acquéreurs paieront, en sus des adjudications, CINQ pour cent applicables aux frais.

On vendra au commencement de chaque vacation environ 2,000 volumes de droit, littérature et histoire, que le temps n'a pas permis de cataloguer.

CATALOGUE

DE LIVRES

JURISPRUDENCE

1. **Affre.** Administration temporelle des paroisses; 1845, 1 vol. — De l'Appel comme d'abus ; d.-rel. bas. — Traité de la propriété des biens ecclésiastiques ; 1837, br. — Ensemble, 3 vol.

2. **Alauzet.** Traité général des assurances; 1843, 2 vol. in-8, demi-bas.

3. **Alauzet.** Histoire de la Possession ; 1849, in-8, demi-bas.

4. **Alauzet.** Commentaire du Code de commerce ; 1856, 4 vol. in-8 br.

5. **Allemand.** Traité du mariage et de ses effets; 1846, 2 vol. in-8, d.-rel. bas.

6. **André.** Cours alphabétique et méthodique du Droit canon ; 1844, 2 tom. en 1 vol. in-4, demi-bas.

7. **Angelot.** Sommaire des Législations des États du Nord; 1834, in-8 br.

8. **Augan.** Cours de Notariat, 3e édition ; 1843, 2 vol. — BERTHELOT. Du Notariat; 1854. — VELAIN. Cours élémentaire du Notariat; 1851. — Ensemble, 4 vol. in-8 br.

9. **Augier.** Encyclopédie des juges de paix ; 1833, 5 vol. in-8, demi-bas.

10. **Bachii.** Historia jurisprudentiæ romanæ. *Lipsiæ*, 1806, in-8; v. m., fil., doré sur tr.

11. **Baequa.** Code de la législation française ; 1856, in-8 broché.

12. **Basnage.** Commentaire sur la coutume de Normandie ; 1778, 2 vol. in-fol. veau.

13. **Beaussant**. Code maritime; 1840, 2 vol. in-8, demi-veau.

14. **Beautemps-Beaupré**. De la portion des biens disponibles; 1855, 2 vol. in-8 br.

15. **Bédarride**. Traité des faillites et banqueroutes; 1844, 2 vol. in-8, demi-bas.

16. **Bédarride**. Des Sociétés commerciales; 1857, 2 vol. — Des Commerçants. — Des Livres de Commerce. — PARIS. Le Droit commercial français; 1854. — MOLINIER. Traité du Droit commercial; 1846. 1 vol. — Ensemble, 5 vol. in-8.

17. **Belime**. Droit de possession et des actions possessoires; 1842, in-8, demi-bas.

18. **Benech**. De la quotité disponible entre époux; 1841, in-8, demi-bas.

19. **Benech**. De l'emploi et du remploi de la dot; 1847, in-8, demi-veau.

20. **Benech**. Mélanges de Droit et d'Histoire; 1857, in-8 broché.

21. **Bentham**. Traité des preuves judiciaires; 1830, 2 vol. in-8, demi-veau. — Traité de la législation civile et pénale; 1802, 3 vol. in-8, bas.

22. **Berault**. Commentaire sur la coutume de Normandie; 1776; 2 vol. in-fol. v.

23. **Berriat de Saint-Prix**. Procédure des tribunaux criminels; 1851, 3 vol. in-8, demi-bas.

24. **Bertin**. Chambre du conseil, 2ᵉ édition; 1856, 2 vol. in-8, demi-bas.

25. **Bioche**. Dictionnaire des juges de paix; 1851, 2 vol. in-8, demi-bas.

26. **Bioche**. Dictionnaire de procédure civile et commerciale, 3ᵉ édition; 1845, 6 vol. in-8, demi-bas.

27. **Bioche**. Formulaire de procédure civile; 1848, in-8 broché.

28. **Boileux**. Commentaire sur le Code Napoléon, 6ᵉ édition; 1856-1857, 6 vol. in-8 br.

29. **Boncenne**. Théorie de la procédure civile; 1837 à 1847, 6 vol. in-8, demi-bas.

30. **Bonjean**. Traité des actions en droit romain; 1841, 2 vol. in-8, demi-mar.

31. **Bonnesœur**. Taxe des frais en matière civile; 1857, in-8 br.

32. **Bordeaux**. Philosophie de la procédure civile; 1857, in-8 br.

33. **Bouchené Lefer**. Droit public administratif; 1837 à 1840, 5 vol. in-8 br.

34. **Boucher d'Argis**. Dictionnaire raisonné de la taxe en matière civile; 1844, in-8, demi-bas.

35. **Braff**. Administration financière des communes; 1857, 2 vol. in-8 br.

36. **Brixhe**. Répertoire de législation et de jurisprudence en matière de mines; 1833, 2 vol. in-8 br.

37. Bulletin des arrêts de la Cour de Cassation (matières civiles et criminelles); an VII à 1857, table analytique par Duchesne; 1857, 5 vol. in-8 br. Ensemble 126 vol.

38. **Cabantous**. Droit administratif; 1854, grand in-8, demi-rel. mar.

39. **Cabantous**. Répétitions écrites sur le droit administratif; 1854, in-8 br.

40. **Calmels**. De la Propriété et de la contrefaçon. — NOUGUIER. Des Brevets d'inventions. — PATAILLE et HUGUET. Propriété industrielle. — BREULIER. De la Propriété. — Ensemble, 4 vol. in-8 br.

41. **Camusat, Busserolles** ET **Berriat Saint-Prix**. Droit de chasse; 1844, in-8, d.-rel. bas.

42. **Caqueray** (de). Explication des passages du Droit privé, contenus dans les œuvres de Cicéron; 1857, grand in-8, br.

43. **Carou**. Juridiction des juges de paix; 1839, 2 vol. in-8, demi-bas.

44. **Carou**. Des actions possessoires, 2e édition; 1841, in-8, demi-veau.

45. **Carré** ET **Chauveau**. Loi de la procédure civile; 1840-1847, 7 vol. in-8, demi-bas.
(Le tome 7 broché.

46. **Carré**. Droit français dans ses rapports avec la juridiction des juges de paix; 1853, 4 vol. in-8 br. —FOUCHER. Commentaire des lois des 25 mai et 11 avril 1838, in-8 broché.

47. **Carré**. La Taxe en matière civile; 1839, in-8 br.

48. **A. Caumont**. Dictionnaire universel du droit commercial maritime ; 1858, grand in-8, br.

49. **Champagny**. Traité de la police municipale ; 1844, 2 vol. in-8 br.

50. **Champeaux**. Droit civil ecclésiastique ; 2 vol. in-8, demi-mar. r.

51. **Championnière**. De la propriété des eaux courantes; 1846, in-8, demi-bas.

52. **Championnière** ET **Rigaud**. Traité des droits d'enregistrement, 1835 à 1851, 6 vol. in-8, demi-bas et 1 br.

53. **Chardon**. Traité du dol et de la fraude ; 1828, in-8, demi-bas.

54. **Chardon**. Traité des trois puissances ; 1841, 3 vol. in-8, demi-bas.

55. **Chardon, Perrève** ET **Nicolin**. Droit de chasse; 1845, ensemble, 10 vol. in-8, demi-rel. bas.

56. **Chauveau**. Tarifs en matière civile; 1836, 2 vol. in-8, demi-bas.

57. **Chauveau**. Théorie du Code pénal ; 1840, 6 vol. in-8, demi-bas.

58. **Chauveau**. Compétence des juridictions administratives ; 1841, 3 vol. in-8, demi-rel. v.

59. **Chauveau**. Code d'instruction administrative; 1848, in-8 br.

60. **Chenier**. Guide des tribunaux militaires; 1858, 2 vol. in-8 br.

61. **Chenier**. Guide des tribunaux militaires, 2ᵉ édition ; 1853, 2 vol. in-8, demi-bas.

62. **Coin Delisle**. Donations et testaments ; 1855, in-4, demi-veau.

63. **Cormenin**. Droit administratif; 1840, 2 tomes en 1 vol. grand in-8, demi-bas.

64. Corpus juris civilis. *Amst.*, 1681, 2 vol. in-8, mar. r., fil., doré sur tr.

65. **Cotelle**. Cours de droit administratif, 2ᵉ édition; 1838, 2 vol. in-8, demi-bas.

66. **Coulon**. Dialogues et questions de droit; 1838 à 1853, 4 vol. in-8, demi-bas.

67. **Cubain**. Traité des droits des femmes; 1842, in-8, demi-bas.

68. **Curaçon**. Compétence des juges de paix, 2ᵉ édit.; 1841, 2 vol. in-8, demi-veau.

69. **D'Aguesseau**. OEuvres; 1759 à 1783, 12 vol. in-4, veau.

70. **Debelleyme**. Ordonnances sur les requêtes et sur les référés, 3ᵉ édition; 1855, 2 vol. in-8 br.

71. **Delaborde**. Traité des avaries particulières et sur marchandises; 1838, in-8, demi-bas.

72. **Delamarre** ET **Poitevin**. Traité du contrat de commission; 1840 à 1856, 6 vol. in-8, demi-bas.

73. **Delangle**. Sociétés commerciales; 1843, 2 vol. in-8, demi-bas.

74. **Delisle**. Interprétation des lois; 1852, 2 vol. in-8, demi-bas.

75. **Demante**. Exposition raisonnée des principes de l'enregistrement; 1857, in-8 br.

76. **Demiau Crouzilhac**. Éléments du droit et de la pratique; 1811, in-4, demi-bas.

77. **Demolènes**. Traité pratique des fonctions du procureur du roi; 1843, 2 vol. in-8, demi-bas.

78. **Demolombe**. Traité des servitudes, 2ᵉ édition. 2 vol. in-8 brochés.

79. **Demolombe**. Cours de Code civil; 15 vol. in-8, dont 7 demi-veau.

80. **De Pistoye** ET **Duverdy**. Traité des prises maritimes; 1855, 2 vol. in-8, d.-rel. mar.

81. **Desmazures**. Commentaire sur le Code de procédure civile; 1832, 2 vol. in-4, demi-bas.

82. **Devilleneuve** ET **Massé**. Dictionnaire du contentieux commercial; 1851, gr. in-8 br.

83. **Devilleneuve** ET **Carette.** Recueil général des lois et arrêts; 1791 à 1830, 10 vol., demi-veau fauve. — 2ᵉ série, 1841 à 1843, demi-bas., fatigué. — 1848 à 1857, br. — Table générale; 1791 à 1850, 4 vol. br. Ensemble, 37 vol. in-4.

84. **Devilleneuve** ET **Carette.** Recueil général des lois et arrêts; 1791 à 1830, 10 vol. in-4, bas. violet. — 2ᵉ série; 1831 à 1858, 28 v. in-4, demi-bas., fatigué. — Table; 1791 à 1850, 4 tomes en 2 vol. in-4, demi-veau fauve. — Lois; 1831 à 1844, 1 vol. Ensemble, 41 vol.

85. **A. Duboys.** Histoire du droit criminel des peuples anciens; 1845, in-8, demi-bas. — Histoire du droit criminel des peuples modernes; 1854-1858, 2 vol. Ensemble, 3 vol.

86. **Dubreuil.** Analyse raisonnée sur la législation des eaux; 1842, 2 vol. in-8, demi-bas.

87. **Dufour.** Traité de la police des cultes; 1847, in-8, demi-bas.

88. **Dufour.** De l'Expropriation et des dommages causés à la propriété; 1858, in-8 br.

89. **Dufour.** Droit administratif; 1854, 2ᵉ édition, 7 vol. in-8, d.-rel. bas.

90. **Dumay.** Chemins vicinaux; 1844, 2 vol. in-8 br.

91. **Dumesnil.** De l'organisation et des attributions des conseils généraux; 1843, 2 vol. in-8 br.

92. **Dupin.** Réquisitoire et plaidoyer; 1846 à 1852; 6 vol. in-8 br.

93. **Dupont.** Jurisprudence des mines; 1853, 2 in-8, demi-bas.

94. **Durand** ET **Paultre.** Code général des lois françaises; 1858, 2 vol. in-8 br.

95. **Duranton.** Cours de droit français, 4ᵉ édition; 1844, 22 vol. in-8, demi-bas.

96. **Durieu.** Poursuite en matière de contributions directes; 1838, in-8, demi-bas.

97. **Durieu.** Répertoire de l'administration et des établissements de bienfaisance; 1842, 2 vol. in-8 br.

98. **Dutruc.** Partage de successions; 1855, in-8, demi-mar. — Traité de la Séparation de biens; 1855, in-8, demi-veau.

99. **Duverger.** Manuel des juges d'instruction, 2ᵉ édit.; 1844, 3 vol. in-8, demi-bas.

100. **Duvergier.** Collection des lois; 55 vol. in-8, 1790 à 1853, et tables, d.-rel. mar. (Années 1854-55 en livr.)

101. **Emerigon.** Assurances et contrats à la grosse; 1827, 2 vol. in-4, d.-bas.

102. **Esnault.** Traité des faillites et banqueroutes; 1844, 3 vol. in-8, d.-bas.

103. **Faucher.** Code des municipalités; 1845, 2 vol. in-8 br.

104. **Faustin-Hélie.** Traité de l'instruction criminelle; 1845, 4 vol. in-8, d.-bas.

105. **Favard de Langlade.** Répertoire de la nouvelle législation civile, commerciale et administrative; 1823, 5 vol. in-4, d.-bas.

106. **Ferraud-Giraud.** Servitudes de voirie; 1850, 2 vol. in-8, d.-bas.

107. **Fœlix et Demangeat.** Traité du droit international privé; 3ᵉ éd., 1856, 2 vol. in-8 br.

108. **Fons.** Les Tarifs en matière civile; 1842, in-8, d.-rel. bas.

109. **Foucart.** Éléments de droit public et administratif; 4ᵉ éd., 1856, 3 vol. in-8 br.

110. **Foucher.** Code civil étranger. Brésil, Genève, Deux-Siciles, Autriche. Ensemble, 7 vol.

111. **Foucher.** Assises du royaume de Jérusalem; 1840, 2 vol. in-8 br.

112. **Fréminville.** Traité de la Minorité; 1845, 2 vol. in-8, d.-bas.

113. **Fréminville.** Organisation et compétence des Cours d'appel; 1848, 2 vol. in-8, d.-bas.

114. **Fremery.** Études de droit commercial; 1833, in-8, d.-bas.

115. **Frémy-Ligneville**. Dictionnaire des actes sous
seing privé ; 1850, 2 vol. in-8, br. — Législation des bâtiments ; 1848, 2 vol. in-8, d.-bas. Ensemble, 4 vol.

116. **Froland**. Mémoires concernant les statuts ; 1729,
2 vol. in-4, d.-veau.

117. **Gand**. Code des étrangers ; 1853, in-8, d.-rel. bas.

118. **Garnier**. Traité de la possession et des actions possessoires ; 1847, in-8, d.-rel. bas.

119. **Garnier**. Régime des eaux ; 3e éd., 1839 à 1851,
6 tomes en 4 vol., d.-bas.

120. **Garnier**. Nouveau Dictionnaire des droits d'enregistrement ; 4e éd., 1857, 3 vol. in-4 br.

121. **Gaudry**. Législation des cultes ; 1854, 3 vol. in-8,
d.-bas.

122. **Gauthier**. Traité de la subrogation ; 1853, in-8, d.-
bas.

123. **Gibelin**. Droit civil des Indous ; 1846, 2 vol. in-8
br.

124. **Glandaz**. Formulaire général et complet, ou Traité
pratique de procédure civile ; 1852, 2 vol. in-8, d.-
maroq.

125. **Goujet** ET **Merger**. Dictionnaire de droit commercial ; 1845, 4 vol. in-8, d.-bas.

126. **Grotius**. Droit de la guerre et de la paix ; 1746, 2 t.
en 1 vol. in-4, vélin.

127. **Hautefeuille**. Droit des nations neutres en temps de
guerre maritime ; 1848, 4 vol. in-8, d.-rel. v.

128. **Trolley**. Cours de droit administratif ; 1844-1854, 5
vol. in-8 br.

129. **Houard**. Traité sur les coutumes anglo-normandes ;
1776, 4 vol. in-4, veau. — Anciennes lois des Français ;
1779, 2 vol. in-4, veau.

130. **Hulot**. Les Cinquante livres du Digeste ; 6 vol. in-4.
d.-bas.

131. **Husson**. Législation des travaux publics ; 2e éd.,
1850, 2 t. en 1 vol. in-8, d.-bas.

132. **Hypothèques** (Divers ouvrages sur), par Odier, Saint-Nexent, Fouet, Dupray, Langlois, Delamontre, Sevin, Hebert, Violle, d'Hautuille, Limosin, Levita, Fabre, Lehir. Ensemble, 17 vol. et broch. in-8.

133. **Isambert**. Lois anciennes ; 30 vol. in-8, d.-v.

134. **Jocotton**. Des Actions civiles ; 1847, in-8, d.-bas. — Descodets. Loi des bâtiments ; 1845, in-8, d.-bas. Ensemble, 2 vol.

135. **Jousselin**. Servitudes d'utilité publique ; 1850, 2 vol. in-8, d.-bas.

136. **Klimrath**. Histoire du droit romain, traduit de l'allemand, par Warkœnig ; 1843, 2 vol. in-8, d.-rel. bas.

137. **Laboulaye**. Histoire du droit de propriété foncière en Occident ; 1839, in-8 br.

138. **Lacan** et **Paulmier**. Législation des théâtres ; 1853, 2 vol. in-8, d.-bas.

139. **Laferrière**. Histoire du droit civil de Rome ; 1846-1858, 6 vol. in-8, d.-maroq.

140. **Laferrière**. Histoire du droit français ; 1836, 2 vol. d.-rel. — Hiver. Histoire critique des institutions judiciaires ; 1848, d.-rel. — Mignet. Précis historique du droit français ; 1854, d.-rel. Ensemble, 4 vol.

141. **Lamoignon**. Recueil des arrêtés ; 1783, 2 tomes en 1 vol. in-4, d.-bas.

142. **Legentil**. De la Législation des portions ménagères ; 1854. — Dissertations juridiques ; 1855, 2 vol. Ensemble, 3 vol. in-8 br.

143. **Lemonnier**. Des Polices d'assurances maritimes ; 1843, 2 tomes en 1 vol. in-8, d.-bas.

144. **Leseyllier**. Droit criminel ; 1844, 6 vol. in-8, d.-bas.

145. **Locré**. Esprit du code de commerce ; 1829, 4 vol. d.-veau.

146. **Locré**. Législation civile, commerciale et criminelle, 1827, 31 vol. in-8, d.-bas. Manque le tome 7.

147. **Loysel**. Institutes coutumières ; 1846, 2 vol. in-12, v. f.

148. **Macarel**. Jurisprudence administrative ; 1838, 2 vol. in-8, cart. n. rog.

149. **Magnin**. Traité des minorités ; 1833, 2 vol. in-8, d.-
bas.
150. **Mailher de Chassat**. Commentaire approfondi
du code civil 1832, 2 vol. in-8 br. — Traité de l'interprétation des lois ; 1836, 1 vol. in-8 br.
151. **Mailher de Chassat**. Traité des statuts ; 1845,
in-8, d.-bas.
152. **Malpeyre**. Traité des sociétés commerciales ; 1833,
in-8, d.-bas.
153. **Malthus**. Essai sur le principe de la population ;
1845, gr. in-8 br.
154. **Mangin**. Traité de l'action publique; in-8, d.-bas. —
Traité des procès-verbaux ; 1839, in-8, d.-bas.
155. **Marbeau** ET **Rigal**. Traité des transactions; 1832,
in-8, d.-bas.
156. **Marnier**. Conseil de Pierre de Fontaines ; 1846, in-8,
d.-maroq.
157. **Martens**. Précis du droit des gens ; 1831, 2 vol. in-8,
d.-rel. bas.
158. **Massé**. Droit commercial dans ses rapports avec le
droit des gens ; 1844, 6 vol. in-8. d.-bas.
159. **Massol.** Séparation de corps ; 1841, in-8, d.-bas.
160. **Meaume.** Commentaire du code forestier, 1844 ; 3
vol. in-8, d.-bas.
161. **Mélanges** de droit civil, commercial, administratif,
criminel, etc., etc. ; 19 cartons in-8 et 3 vol. in-8. (*Brochures modernes.*)
162. **Menerville**. Dictionnaire de la législation algérienne;
1853. — Supplément, 1856. — Jurisprudence de la Cour
impériale d'Alger. Ensemble, 3 vol. in-8 br.
163. **Merlin**. Répertoire et questions de jurisprudence ;
4ᵉ éd., 1812 à 1827. Table par Rondonneau ; 26 vol. in-4,
bas.
164. **Millet**. Traité du bornage ; 1846, in-8, d.-bas.
165. **Mittermaier**. Traité de la preuve en matière criminelle ; 1848; in-8, d.-rel. bas.
166. **Mongalvy**. Traité de l'arbitrage ; 1832, in-8, d.-
bas.

167. **Moreuil**. Manuel des agents consulaires ; 1853, in-8,
bas.

168. **Morin**. De la Discipline des cours et tribunaux ;
1846, 2 vol. in-8, d.-bas.

169. **Morin**. Répertoire de droit criminel ; 1850, gr. in-8,
d.-bas.

170. **Mourlon**. Examen critique et pratique du commentaire de M. Troplong sur les priviléges ; 1845, 2 vol. in-8,
d.-chagrin.

171. **Mourlon**. Traité théorique et pratique des subroga-
tions ; 1848, in-8, d.-bas.

172. **Notariat**. Belet, Bataillard, Rainguet, Gand, Drion,
Houyvet. Ensemble, 8 vol. in-8 br.

173. **Nouguier**. Lettres de change ; 1839, 2 vol. in-8,
d.-bas.

174. **Nouguier**. Lettres de change ; 2e éd., 1851, d.-bas.

175. **Nouguier**. Tribunaux de commerce, 1844, 3 vol.
in-8, d.-bas.

176. **Odier**. Traité du contrat de mariage ; 1847, 3 vol.
in-8, d.-rel. v.

177. **Paignon**. Opérations de banque ; 1 vol. in-8, d.-rel.
maroq.

178. **Paillet**. Collection de lois antérieures à 1789 ; 1846,
in-8, d.-bas.

179. **Pardessus**. Essai historique sur l'organisation judiciaire ; 1851. — CHAMBELLAN. Etude sur l'histoire du
droit français ; 1848. — GUÉRARD. Essai sur l'histoire du
droit privé des Romains ; 1841, d.-bas. Ensemble, 3 vol.
in-8.

180. **Pardessus**. Traité des servitudes ; 1838, in-8, d.-
veau.

181. **Pardessus**. Cours de droit commercial ; 6e édit.,
1856, 4 vol. in-8 br.

182. **Pellat**. Précis d'un cours sur l'ensemble du droit
privé des Romains ; 1852. — QUINTON. Eléments de droit
romain, 1839. — BRAVARD. De l'enseignement du droit romain ; 1837. Ensemble, 3 vol. in-8 br.

183. **Perrin**. Code des constructions et de la contiguïté ; 1854, in-8 br.

184. **Persil**. Traité des assurances terrestres ; 1835, in-8, d.-bas.

185. **Persil**. Traité de la lettre de change ; 1838, in-8, d.-bas.

186. **Peyret l'Allier**. Législation des mines ; 1844, 2 vol. in-8, d.-bas.

187. **Pharaon**. Droit musulman ; 1839, in-8 br.

188. **Pigeau**. Commentaire sur le code de procédure civile ; 1827, 2 vol. in-4, d.-bas.

189. **Plasman**. Traité des absents ; 1841, 2 t. en 1 vol. in-8, d.-bas.

190. **Ponsot**. Traité du cautionnement ; 1841, in-8, d.-bas.

191. **Portalis**. Concordat de 1801 ; in-8, 1845 ; d.-rel. bas. — Discours sur le code civil ; 1844, in-8. d.-bas.

192. **Pothier**. Droit français ; 1830 , 2 vol. gr. in-8, d.-veau.

193. **Pothier**. Œuvres annotées par M. Bugnet ; 1845, 10 vol. in-8 br.

194. **Pothier**. Pandectes de Justinien ; 24 vol. in-8 br.

195. **Pouget**. Dictionnaire des assurances terrestres ; 1855, 2 vol. gr. in-8, d.-veau.

196. **Pouget**. Des Droits et obligations des divers commissionnaires ; 1857, 4 vol. in-8 br.

197. **Poujol**. Traité des donations et testaments ; 1836, 2 vol. — Traité des successions ; 1837, 2 vol. — Traité des obligations ; 1846, 3 vol. Ensemble, 7 vol. in-8, d.-rel. bas.

198. **Proudhon**. Traité du Domaine public ; 1833, 5 vol. in-8, d.-bas.

199. **Proudhon** Traité de l'état des personnes ; 1842, 2 vol. — Traité du Domaine public, 2e édit., 1843, 5 tom. en 4 vol. — Traité du Domaine de Propriété, 1839, 3 vol. — De l'Usufruit et de l'Habitation, 2e édit., 1836, 8 vol. Ens. 17 vol. in-8, d.-bas.

200. **Pufendorf.** Droit de la nature et des gens; 1771, 2 vol. in-4, v.

201. **Mathery.** Histoire des États généraux de France; 1845, in-8. d.-rel. maroq.

202. **Rauter.** Cours de procédure civile française; 1834, in-8, d.-bas.

203. **Rauter.** Droit criminel; 1836, 2 vol. in-8, d.-bas.

204. **Regnard.** Organisation judiciaire et de la procédure civile en France; 1855, in-8, d.-maroq.

205. **Renouard.** Traité des faillites et banqueroutes; 1844, 2 vol. in-8 br. — Traité des brevets d'invention; 1844, in-8, d.-bas.

206. **Reverchon.** Des autorisations de plaider; 1841, in-8 br.

207. **Revue** critique de jurisprudence en matière civile, administrative, etc., sous la direction de M. Marcadé; 1851 à 1858, 13 vol. in-8, rel. et br.

208. **Revue** de droit français et étranger, publiée par Foelix; 1834-1849, 16 vol. in-8, d.-rel. bas.

209. **Revue** historique du droit français et étranger; 1855-1858, 4 vol. in-8 br.

210. **Revue** pratique du droit français; 1856-1858, 6 vol. in-8 br.

211. **Rey.** Des institutions judiciaires de l'Angleterre; 1826, 2 vol. in-8, d.-bas.

212. **Ricard.** Traité des Donations entre vifs et testamentaires; 1783, 2 vol. in-fol., veau.

213. **Richefort.** De l'État des familles; 1842, 3 tom. rel. en 1 vol. in-8, d.-bas.

214. **Rieff.** Actes de l'État civil; 1844, in-8, d.-bas.

215. **Rivière** ET **Huguet.** Questions sur la transcription et autres brochures sur la même matière.

216. **Rivoire.** Tarifs des frais et dépens; 1838, in-8, d.-bas.

217. **Rivoire.** Traité de l'appel; 1844, in-8, d.-bas.

218. **Roche** ET **Lebon.** Arrêts du conseil d'État; 1839 à 1856; 25 vol. in-8, d.-bas.

219. **Rodière**. Compétence, et de la Procédure civile; 1840, in-8, d.-bas.
220. **Rodière** ET **Pont**. Contrat de mariage; 2 vol. in-8, d.-veau.
221. **Roger**. Traité de la Saisie-arrêt; 1837, in-8, d.-bas.
222. **Rolland de Villargues**. Des Substitutions; 3ᵉ éd., 1833, d.-bas.
223. **Rolland de Villargues**. Répertoire de la jurisprudence du notariat; 1840 à 1845; 9 vol. in-8, d.-bas.
224. **Ropartz**. Histoire de saint Yves; 1856, in-8, br.
225. **Roscher**. Principes d'économie politique; 1857, 2 vol. in-8 br.
226. **Rossi**. Traité de droit pénal; 1829; 3 vol. in-8 br.
227. **Rossi**. Traité du droit pénal; 1855, 2ᵉ éd., 2 vol. in-8, d.-rel. bas.
228. **Rossi**. Cours d'économie politique; 2ᵉ éd. 1843-1851, 3 vol. in-8 br.
229. **Rossi**. Mélanges d'économie politique; 1857, 2 vol. in-8 br.
230. **Rousset**. Nouveau Code annoté de la presse; 1856, in-4 br.
231. **Saint-Joseph**. Concordance entre les codes civils et étrangers; 1840, in-4, d.-maroq. — Concordance des Codes de commerce et étrangers; 1844, in-4, d.-maroq. — Concordance entre les lois hypothécaires; in-8 br.
232. **Savigny**. Traité de la Possession; 1841, in-8, d.-v. — Histoire du droit romain au moyen âge; 1839, 3 vol. in-8 br.
233. **Sebire** ET **Carteret**. Encyclopédie du droit; 1842 à 1846, 7 vol. gr. in-8, d.-bas.
234. **Seriziat**. Régime dotal; 1843, in-8, d.-bas.
235. **Serrigny**. Compétence et de la procédure administrative; 1842, in-8, d.-bas.
236. **Serrigny**. Traité du droit public français; 1846, 2 vol. in-8, d.-bas.
237. **Serrigny**. Questions de droit administratif; 1854, in-8, d.-maroq.
238. **Simonnet**. Théorie de la saisine; 1852, in-8 br.

239. **Sirey** ET **Gilbert**. Code de commerce ; 1852, grand
in-8 br.

240. **Sirey** ET **Gilbert**. Code civil ; 1857, in-4, grand pa-
pier.

241. **Solon**. Théorie sur la nullité ; 1835, 2 tomes en
1 vol. in-8, d.-bas.

242. **Solon**. Traité des Servitudes ; 1837, 1 vol. in-8,
d.-bas.

243. **Souquet**. Dictionnaire des temps légaux ; 1844,
2 vol. in-4, d.-bas.

244. **Sourdat**. De la Responsabilité ; 1852, 2 vol. in-8,
d.-bas.

245. **Story**. Constitution fédérale des Etats-Unis ; 1843,
2 vol. in-8, d.-rel. bas.

246. **Taillandier**. Traité de l'Appel en matière civile ;
1839, in-8, d.-bas.

247. **Tarbé**. Lois et règlements à l'usage de la Cour de
cassation ; 1840, gr. in-8, d.-rel. bas.

248. **Taulier**. Théorie du Code civil ; 1840-1848. 7 vol.
in-8, d.-bas.

249. **Tessier**. Traité de la Dot ; 1835, 2 vol. in-8, d.-v.

250. **Thevenot-Dessaules**. Dictionnaire du Digeste ;
1809, 2 vol. in-4, d.-bas.

251. **Toullier** ET **Duvergier**. Droit civil ; 6 tomes en
12 vol. in-8 br.

252. **Toullier** ET **Duvergier**. 1830 à 1843, 21 vol.
in-8, d.-bas.

253. **Trébutien**. Cours de droit criminel ; 1854. 2 vol.
in-8, d.-rel. maroq.

254. **Tripier**. Codes français ; 1848, in-8 br.

255. **Troplong**. Droit civil ; 28 vol. in-8, d.-veau et br.

256. **Universa** civilis et criminalis jurisprudentia. *Tau-
rini*, 1774, 12 vol. in-4. (Manque le tome 2e,)

257. **Vatel**. Code pénal du royaume de Bavière ; 1852,
in-8 br.

258. **Vaudoré**. Le Droit civil des juges de paix ; 1846,
3 vol. in-8 br.

259. **Vazeille**. Traité des Prescriptions ; 1832, 2 vol. in-8, d.-bas. — Résumé sur les Successions ; 1834, in-8, d.-bas. — Traité du Mariage ; 1825, 2 vol. in-8, d.-bas.

260. **Vernet**. Traité de la quotité disponible ; 1855, in-8, d.-maroq.

261. **Walter.** Droit ecclésiastique, traduit de l'allemand ; 1840, in-8, d.-rel. bas.

262. **Wolowski**. Etudes d'économie politique ; 1848, in-8 br.

263. **Wolowski.** Revue de législation et de jurisprudence ; 1835 à 1853, 41 vol. percal.

264. **Wuillefroy.** Traité de l'administration des cultes catholiques ; 1842, in-8 br.

265. **Zachariæ**. Cours de droit civil français, traduit par Aubry et Rau ; 1839 ; 5 vol. in-8, d.-bas.

266. **Zachariæ**. Droit civil français, trad. de l'allemand par Massé et Vergé ; 4 vol. in-8 br.

LITTÉRATURE ET HISTOIRE

267. **Académie** des sciences morales et politiques sous la direction de M. Mignet ; 1842 à 1857, 42 vol. in-8. (Les 26 premiers vol. en d.-rel. percal., le reste broché.)

268. **Bossuet**. OEuvres choisies. *Paris, Delestre-Boulage*, 1821, 9 vol. in-8, d.-rel. v.

269. **Buchez** ET **Roux**. Histoire parlementaire de la Révolution française ; 1834, 40 vol. in-8, d.-bas.

270. **Cicéron**. OEuvres, trad. par Victor Leclerc ; 1825, 30 vol. in-8 br.

271. **Collection italienne**, publiée par Buttura. *Paris, Lefèvre*, 1820, 13 vol. in-32, d.-rel. v. — METASTASE, PÉTRARQUE, DANTE, GUARINI, etc., etc.

272. **Condillac**. OEuvres complètes. *Paris*, 1803, 31 vol. in-12, d.-rel. maroq.

273. **De Beausset**. Histoire de Fénelon. *Versailles, Lebel*, 1817, 4 vol. in-8 br.

274. **De la Luzerne**. Dissertations sur les droits et devoirs des évêques et des prêtres ; 1844, gr. in-8 br.

275. **Denis.** Histoire des théories des idées morales dans l'antiquité ; 1856, 2 vol. in-8 br.

276. **Dictionnaire** du commerce et des marchandises ; 1837, 2 vol. gr. in-8, d.-rel. v.

277. **Diderot.** Œuvres ; 1821, 22 vol. in-8 br.

278. **Encyclopédie théologique** (liturgie) ; 1844, gr. in-8 br.

279. **Fénelon.** Œuvres choisies. *Paris, Delestre-Boulage*, 1821. 6 vol. in-8 br.

280. **Gibbon.** Histoire de la chute de l'empire romain. Panthéon littéraire, 1839, 2 vol. gr. in-8, d.-rel. maroq.

281. **Lacroix-Dumaine.** Bibliothèque française, 6 vol. in-4, non rog.

282. **Laugii.** Polyanthea. *Lugduni*, 1648, 1 vol. in-fol., d.-veau.

283. **Mémoires** littéraires et politiques de Mirabeau ; 1834, 8 vol. in-8, d.-rel. veau.

284. **Ménage.** Dictionnaire étymologique de la langue française ; 1694, in-fol. v.

285. **Mercier.** Tableau de Paris. *Amsterdam*, 1782, 8 t. en 6 vol. in-8, d.-rel. bas.

286. **Michelet.** Histoire de France ; 1835 à 1844, 6 vol. in-8, d.-bas.

287. **Nardini.** Roma antica. *Roma*, 1666, pet. in-4, fig., v-m.

288. **Norvins.** Histoire de Napoléon ; 1834, 3 vol. in-8, d.-v.

289. **Pallavicini.** Histoire du concile de Trente ; 1844, gr. in-8 br.

290. **Pastoret.** Moyse considéré comme législateur et comme moraliste ; in-8 br.

292. **J.-J. Rousseau.** Œuvres. *Paris, Lequien*, 1821, 21 vol., fig. in-8, d.-rel. v.

293. **Sismondi.** Histoire des Français ; 1821 à 1844, 31 vol. in-8, d.-v.

294. **Tasso**. La Gerusalemme e l'aminta. *Parigi*, 1823, 2 vol. in-8, v. ant., fil. d. s. tr.

295. **Tertullien** ET **Saint Augustin**, avec traduction française sous la direction de M. Nisard ; 1846, gr. in-8 br.

296. **Turgot.** Œuvres. *Paris*, 1844, 2 vol. gr. in-8 br.

297. **Voltaire**. Œuvres. *Paris*, *Desoer*, 1817, 12 tomes en 24 vol. in-8, d.-rel. v.

298. **Winckelmann.** Storia delle arti. *Milano*, 1779, 2 tom. en 1 vol. in-4, fig., d.-rel. veau.

RENOU et MAULDE, imprimeurs de la Compagnie des Commissaires-Priseurs, rue de Rivoli, 144.